RAOUL DE NAJAC

BARBE-BLEUETTE

PANTOMIME EN UN ACTE

> Je ne sais, mais il me semble que
> *Barbe-Bleuette* est un petit chef-
> d'œuvre.
>
> Francisque SARCEY.

PARIS

A. HENNUYER, IMPRIMEUR-ÉDITEUR

47, RUE LAFFITTE, 47

—

1890

RAOUL DE NAJAC

BARBE-BLEUETTE

PANTOMIME EN UN ACTE

> Je ne sais, mais il me semble que *Barbe-Bleuette* est un petit chef-d'œuvre.
>
> Francisque SARCEY.

PARIS

A. HENNUYER, IMPRIMEUR-ÉDITEUR

47, RUE LAFFITTE, 47

—

1890

DU MÊME AUTEUR

LES EXPLOITS D'UN ARLEQUIN, autobiographie d'un mime.

LE RETOUR D'ARLEQUIN, pantomime, musique de André Martinet.

PETIT TRAITÉ DE PANTOMIME, à l'usage des gens du monde.

LA CIGALE ET LA FOURMI, fable mimée, avec accompagnement de piano, par André Martinet.

LA LEÇON DE DANSE, pantomime, musique de Henry Frène.

J'ATTENDS COLOMBINE, pantomime, musique de Henry Frène.

BARBE-BLEUETTE

PERSONNAGES

COLOMBINE.
PIERROT.
ARLEQUIN.

Chez le ménage Arlequin. Salon à pans coupés. A gauche, premier plan, une panoplie ; second plan, la porte d'entrée. Au fond, la cheminée. Sur la cheminée, une lampe allumée. A droite, premier plan, un placard ; second plan, une porte. Au milieu de la scène, une petite table. Contre les murs, des chaises, une console avec une corbeille à ouvrage et une boîte de dominos.

SCÈNE PREMIÈRE.

ARLEQUIN, COLOMBINE.

Au lever du rideau, Arlequin a l'œil collé à la serrure du placard.

Entre par la droite Colombine, une mante sur le bras. Elle se dirige vers la cheminée et se regarde dans la glace. Apercevant Arlequin, elle jette sa mante sur la table, court à lui, le prend par l'oreille et l'amène tout penaud sur le devant de la scène.

Colombine n'est pas contente. Elle a défendu à son mari de chercher à voir l'intérieur du placard. La curiosité est un vilain défaut. Si Arlequin ne se corrige pas, il lui en cuira.

Arlequin affirme qu'il n'est pas curieux. Alors que faisait-il à la serrure du placard ? Oh ! c'était très innocent ce qu'il y faisait. Pendant qu'il lisait, assis près de la table, une mouche est venue l'ennuyer. Il a essayé de l'attraper. Elle s'est enfuie. Il l'a poursuivie. Elle s'est réfugiée dans le placard en passant par la serrure : il l'attend.

Que lui importe le contenu du placard ! Il adore sa Colombine, et la confiance qu'elle lui inspire n'a pas de bornes.

Tout en mettant sa mante devant la glace, Colombine veut bien croire ce que lui conte son mari ; il est si naïf, que son histoire doit être vraie. Elle lui recommande d'être bien sage pendant son absence, de ne pas chercher à lui désobéir. Arlequin le lui jure. Colombine l'embrasse.

Mais Arlequin compte bien profiter de l'absence de sa femme pour satisfaire sa curiosité. La tirant par le pan de sa robe, il l'oblige à se retourner pour lui rendre son baiser. Pendant qu'il l'embrasse, il fait passer de la poche de Colombine dans la sienne un trousseau de clefs.

Colombine a entendu le cliquetis des clefs.

« Qu'est-ce que cela ? dit-elle.

— C'est, répond Arlequin, le bourdonnement de la mouche ; elle vient de sortir du placard. »

SCÈNE II.

LES MÊMES, PIERROT.

A la porte de gauche, paraît Pierrot.

Saluts empressés à Colombine, chaudes poignées de main à Arlequin.

Celui-ci est enchanté de la visite de son ami. Tandis que Colombine sera absente, ils se livreront à leur jeu favori, les dominos, dont Arlequin va chercher la boîte sur la console. Puis il place une chaise de chaque côté de la table.

Pierrot est désolé du départ de Colombine. Celle-ci se retire en lui faisant des révérences pleines de coquetterie.

Immobile près de la porte de gauche, Pierrot la suit des yeux et semble se dire :

« Que cette femme est donc belle ! »

SCÈNE III.

ARLEQUIN, PIERROT.

Pierrot est interrompu dans son extase par Arlequin qui, après avoir vidé la boîte de dominos sur la table, frappe sur l'épaule de son ami pour l'inviter à jouer.

Ils s'assoyent. Arlequin tourne le dos au placard.

La partie commence. Pierrot est distrait ; il a l'esprit ailleurs. Au contraire, Arlequin est tout à son jeu. C'est pourtant son adversaire qui fait domino.

Mauvais joueur, Arlequin ne dissimule pas le mécontentement que lui cause la perte de la partie.

« Paye-moi, » fait Pierrot en lui tendant la main.

Arlequin, maugréant, cherche de la monnaie dans sa poche. Il en tire le trousseau de clefs. Cette vue le réjouit, car, parmi les clefs, voici celle du placard qu'il désire tant ouvrir et dont son attention avait été détournée par les dominos.

Pierrot insiste pour être payé. Cela fait, Arlequin le met au courant de la situation : Colombine n'a jamais voulu ouvrir le placard devant lui, et afin de savoir ce qu'il contient, il a dû dérober à sa femme son trousseau de clefs.

Arlequin se dispose à mettre la clef dans la serrure. Pierrot l'arrête : il ne faut pas désobéir à sa femme ; c'est mal.

« Ce que tu es bête ! lui répond Arlequin en haussant les épaules. Colombine n'en saura rien.

— Mais ta conscience te le reprochera, » réplique Pierrot.

Arlequin se décide à suivre le conseil de Pierrot, mais à contre-cœur, et les deux amis se remettent à jouer aux dominos.

Maintenant, c'est Arlequin qui n'est plus à son jeu. Il ne cesse de tourner la tête du côté du placard. Il commet des fautes qui impatientent Pierrot.

Reculant sa chaise par saccades et attirant la table à lui, ce qui oblige Pierrot à avancer sa chaise, Arle-

quin se rapproche peu à peu du placard. Pierrot ne
s'aperçoit de l'évolution qu'ils exécutent que lorsque
Arlequin est parvenu à coller le dossier de sa chaise
contre le placard.

Avec un mouvement d'impatience, Pierrot se lève,
s'empare de la table et va la porter à l'autre bout du
salon.

Arlequin en profite pour glisser rapidement la clef
dans la serrure et ouvrir le placard. Mais en voyant
ce qu'il contient, il repousse la porte avec un geste
d'horreur et tombe évanoui dans les bras de son ami.

Pierrot le dépose sur une chaise, et pour lui faire
recouvrer l'usage de ses sens, il lui tape les mains,
lui pince le bout du nez, et comme cela ne réussit
pas, il ne trouve rien de mieux que de lui glisser les
dominos dans le dos.

Ce dernier procédé est efficace, et Arlequin revient
à lui. Tout d'abord il ne se rend pas compte de ce
qui s'est passé ; mais son regard ayant rencontré le
placard, il se lève et manifeste tous les symptômes
d'une violente terreur.

Pierrot l'interroge.

« Regarde ! fait Arlequin en lui montrant le placard. Moi, je n'ai pas le courage de te raconter ce que
j'ai vu. »

Pierrot entr'ouvre le placard et recule aussitôt, la
face bouleversée.

« Ah ! mon pauvre ami, que je te plains ! » dit-il
à Arlequin en lui serrant les mains.

Et Arlequin, fondant en larmes, se laisse aller à sa

douleur. Avec un mouchoir, Pierrot essuie le visage
de son ami et le mouche. Puis, obsédés par l'objet de
leur émotion, ils ne peuvent s'empêcher d'en causer.

ARLEQUIN.

Ils sont quatre dans le placard.

PIERROT.

Oui, quatre, je les ai comptés.

ARLEQUIN.

Ils ont le cou coupé, tous les quatre.

PIERROT.

Oui, tous les quatre, ils ont le cou coupé.

ARLEQUIN.

Leurs corps sont accrochés à des portemanteaux.

PIERROT.

Oui, accrochés, sans les têtes.

ARLEQUIN.

Les têtes, elles sont par terre. C'est horrible à voir.

PIERROT.

Les têtes, elles sont par terre. C'est horrible à voir.

ARLEQUIN.

Et l'auteur de ces crimes, c'est la femme qui vient
de nous quitter, ma propre épouse, que j'adorais, et
dont je croyais être aimé. Oui, je le croyais... car elle
était aux petits soins pour moi. Ne me faisait-elle pas
des pantoufles ? Tiens, les voici, les pantoufles qu'elle
me faisait. Ah ! je suis bien à plaindre.

PIERROT.

Oui, tu es bien à plaindre.

Ils s'asseyent et se mettent à réfléchir.

SCÈNE IV.

LES MÊMES, COLOMBINE.

Toute souriante, Colombine entre par la gauche.

Au bruit de ses pas, les deux hommes se lèvent brusquement, comme s'ils étaient mus par un ressort. Pierrot serre avec force la main d'Arlequin qui retombe sur sa chaise, et il sort par la gauche en affectant de ne pas regarder Colombine.

SCÈNE V.

ARLEQUIN, COLOMBINE.

« Que signifient ces façons? » se demande Colombine en se débarrassant de sa mante.

Elle aperçoit son trousseau de clefs pendu à la serrure du placard : Arlequin sait tout. De souriant qu'il était, le visage de Colombine prend une expression méchante. On devine qu'Arlequin ne tardera pas à rejoindre ses infortunés prédécesseurs.

Absorbé par ses pensées, Arlequin continue à ne pas s'occuper de ce qui se passe autour de lui.

Colombine prend le trousseau de clefs, ferme à double tour d'abord la porte de droite, puis celle de gauche, met les clefs dans sa poche, se dirige vers la panoplie, cherche du regard l'arme qu'il lui faut.

Elle décroche un sabre; et après avoir mesuré du regard le cou d'Arlequin, elle trouve que ce sabre est trop petit, le remet dans la panoplie et en prend un plus grand. Celui-ci est bien en main. Avec son doigt, elle s'assure qu'il coupe. Elle s'approche de son mari et lui frappe sur l'épaule.

Arlequin tourne la tête du côté de Colombine. Il frémit à la vue du sabre. Ses jambes flageolent, ses dents claquent. Il voudrait entrer sous terre. Ce n'est plus un mari indigné de la monstrueuse conduite de sa femme, c'est un tout petit garçon qui a peur d'une correction.

« Vous m'avez volé mes clefs, fait Colombine. Vous avez ouvert le placard. Il est juste que vous soyez puni. Préparez-vous à avoir la tête tranchée. »

Et elle relève sa manche pour donner plus de liberté à ses poignets et pour préserver ses manchettes des éclaboussures de sang.

Arlequin bondit; il ne veut pas mourir. Il se jette aux pieds de sa femme, embrasse le bas de sa robe, la supplie de le laisser vivre. Quand on a un mari qui vous aime autant, on le garde.

Colombine est inflexible.

Alors Arlequin se révolte; il ne se laissera pas égorger. Dans l'intention d'échapper au sort qui le menace, il essaye d'ouvrir les portes : elles sont fermées. Affolé, Arlequin court dans tous les sens à la recherche d'une issue.

Sans se presser, Colombine marche vers lui. Il la fuit; mais il est bientôt acculé près du placard. Colombine lève son sabre. Arlequin l'évite en se jetant dans le placard dont il ferme la porte sur lui.

Colombine a un sourire malicieux.

Frappant le plancher des pieds afin qu'Arlequin l'entende marcher et croie qu'elle s'éloigne, elle va ouvrir la porte de gauche et la referme avec bruit.

Pendant qu'elle a le dos tourné, Arlequin montre la tête et la rentre précipitamment.

A pas de loup, Colombine retourne auprès du placard et ne bouge plus.

Au bout d'un instant, le placard s'entr'ouvre lentement. Arlequin montre la tête, que d'un coup de sabre Colombine abat et qui roule sur le plancher.

Son crime accompli, Colombine jette un regard satisfait sur la tête qu'elle vient de trancher, et, avec la pointe du sabre, la pousse dans le placard. Puis, elle essuie son arme avec son tablier et la remet dans la panoplie.

La chambre est en désordre. Colombine relève une chaise renversée; remet la table à sa place habituelle; aperçoit un peu de poussière sur la cheminée et l'enlève à l'aide d'un petit plumeau; jette un coup d'œil dans la glace et arrange son fichu; prend la corbeille à ouvrage et la pose sur la table; va chercher la lampe; s'assied près de la table; remarque que la lampe ne l'éclaire pas bien et la remonte; sort de la corbeille sa tapisserie et des écheveaux de laine qu'elle dévide, et la voici absorbée par son ouvrage.

Si l'on n'était pas prévenu, nul ne pourrait se douter que cette femme, dont les allures sont si paisibles, qui semble une honnête ménagère, vient de tuer son cinquième mari, et mérite — émule féminin du beau-frère de sœur Anne — le surnom de Barbe-Bleuette.

SCÈNE VI.

COLOMBINE, PIERROT.

Pierrot paraît à la porte de gauche. Des yeux il cherche Arlequin. Sitôt qu'elle l'aperçoit, Colombine va se jeter dans ses bras en pleurant. Pierrot est surpris.

Le prenant par la main, elle le mène au placard qu'elle entr'ouvre un instant pour lui montrer dans quel état se trouve Arlequin.

En proie à une violente indignation, Pierrot repousse Colombine qui veut lui donner des explications.

« Vous me faites horreur, lui dit-il. La mort de quatre maris ne vous suffisait pas. Vous avez coupé le cou au cinquième, à mon pauvre ami qui, tout à l'heure, jouait aux dominos avec moi sur la table que voici. Vous êtes une créature abominable, et si je ne me retenais, c'est de mes propres mains que vous recevriez la juste punition de vos crimes. »

Colombine se déclare innocente. Elle convient qu'elle a tué ses cinq maris. Mais à qui la faute? A ses maris. Par exemple, Arlequin la battait comme plâtre ; ses bras sont tout meurtris, son dos est couvert de bleus. Lorsqu'elle lui a tranché la tête, elle était dans le cas de légitime défense. Arlequin avait pris les pincettes dont il voulait la frapper. Alors, aveuglée par la colère, elle s'est emparée de la première arme venue, et dans la lutte, cette arme a rencontré le cou d'Arlequin.

Pierrot accepte cette explication. Si Arlequin était un brutal, il a bien mérité son sort, et en manière d'oraison funèbre, Pierrot se tourne du côté du placard et souhaite un bon voyage au défunt.

Mais il se rappelle qu'il y a quatre autres cadavres dans le placard.

« En effet, dit Colombine, j'ai eu quatre autres maris qui m'ont tous mis dans la cruelle nécessité de m'en débarrasser. Le premier était un ivrogne; tous les soirs, quand il rentrait au logis, il ne pouvait se tenir sur ses jambes, et c'est en titubant qu'il venait m'embrasser. Le dégoût qu'il m'inspirait était si grand que j'ai dû lui trancher la tête. »

Avec le même geste d'acquiescement qu'il a eu pour approuver la mort d'Arlequin, geste qu'il va renouveler à chacune des explications de Colombine, Pierrot se tourne du côté du placard, s'incline devant la porte et semble dire à l'ivrogne :

« Si on t'a envoyé dans le placard, c'est bien fait. »

Mais il reste trois meurtres à expliquer.

« Mon second mari, dit Colombine, était un joueur incorrigible. Avec les dés, il m'a ruinée, et pendant que monsieur courait les tripots, moi, je n'avais rien à me mettre sous la dent. Pour ne pas mourir de faim, je me suis faite veuve.

— Reste deux, répond Pierrot, après avoir approuvé

la conduite de Colombine et salué ironiquement le
joueur qui a été envoyé dans le placard.

— Mon troisième mari était un superbe tambour-
major. Hélas il servait moins Bellone que Vénus, et
délaissait la perle des épouses pour donner ses faveurs
à la brune et à la blonde. Moi, mélancoliquement
assise près de ma table, je passais la nuit à l'attendre.
C'était trop pénible. J'ai supprimé le volage.

— Reste un, fait Pierrot, après avoir exécuté le
même jeu de scène.

— Celui-ci péchait par l'excès contraire. Il était
vieux, avait un catarrhe. A mes plus doux sourires,
à mes plus tendres caresses, il ne répondait rien, et
quand l'heure sonnait de pénétrer dans le lit conju-
gal, une quinte de toux l'affaissait dans son fauteuil.
Je l'ai traité comme les autres.

— Et vous avez eu raison ! » fait Pierrot en exécu-
tant pour la cinquième fois le même jeu de scène.

En vérité, Colombine n'a pas eu de chance avec ses
maris. Elle pousse un gros soupir, et, s'asseyant près
de la table, elle reprend son ouvrage.

Debout, derrière elle, Pierrot l'admire. Elle est
jolie. Elle est travailleuse. N'a-t-elle pas toutes les
qualités ? C'est la compagne qu'il lui faudrait. Pour-
quoi ne l'épouserait-il pas ? Il s'approche d'elle. Sur le
point de se déclarer, il hésite. Le souvenir des cinq
maris le tourmente. Il craint de compléter la demi-
douzaine. Alternativement, il regarde Colombine avec
amour et le placard avec terreur. C'est l'amour qui
l'emporte.

« Je ne suis pas brutal, se dit-il; je ne m'enivre
jamais; je ne suis ni joueur, ni libertin ; je suis jeune
et vigoureux. Par conséquent, Colombine n'aura
aucune raison de m'envoyer dans le placard. »

Il met des gants blancs, s'agenouille auprès de Colombine, lui fait l'aveu de son amour et lui demande
sa main.

Colombine manifeste sa joie. Jetant son ouvrage
dans la corbeille, elle tend à Pierrot une main qu'il
couvre de baisers. Puis, de l'autre, elle lui prend la tête
qu'elle presse sur son cœur. En faisant ce mouvement,
elle tâte avec ses doigts le cou de Pierrot et lance au
placard un regard qui fait prévoir au public que Pierrot ne sera pas le dernier mari de Barbe-Bleuette.

Rideau.

(*La musique de cette pantomime est de M. Francis Thomé.*)

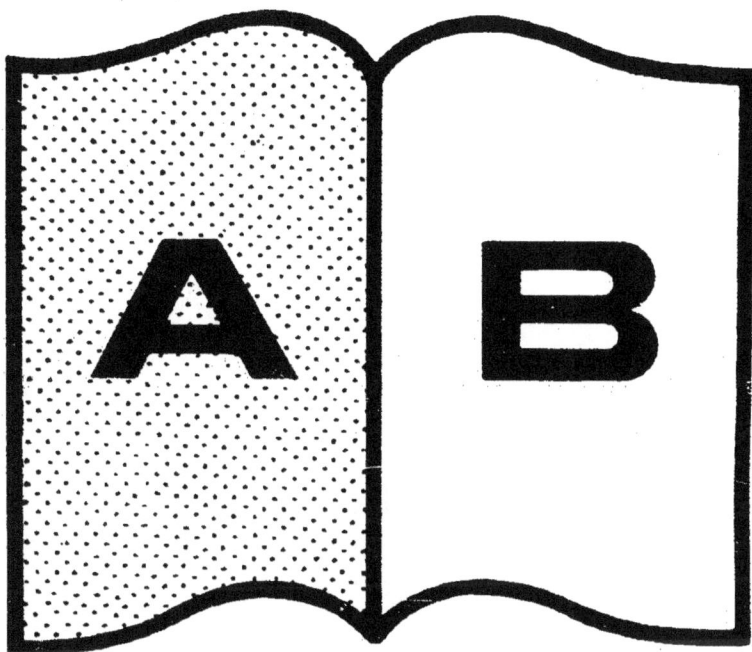

Contraste insuffisant

NF Z 43-120-14